Pontes Poéticas

O mirábolo

Edição:
Camila Araujo & Nathan Matos

Organização:
Demetrios Galvão & Nathan Matos

Revisão:
LiteraturaBr Editorial

Diagramação e Projeto Gráfico:
LiteraturaBr Editorial

Ilustração:
Rogério Narciso | "oceanum mundi"

Edição 1, 3ª reimpressão, Belo Horizonte, 2018.

Nesta edição, respeitou-se o
Novo Acordo Ortográfico da Língua Portuguesa.

R748o
Rolim, Lucas | O mirábolo | Série Pontes Poéticas
ISBN 978-85-92579-40-1
CDD B869.91
Índices para catálogo sistemático
1. Poesia Brasileira 2. O mirábolo 3. Lucas Rolim I. Título

Belo Horizonte:
Editora Moinhos
2018 | p.; 18 cm. | 60 p.

O mirábolo

Lucas Rolim

MOINHOS

Sumário

O Mirábolo: um canto incendiário, 9
por Demetrios Galvão

o mirábolo, 15

Madrugada Incendiária
tudo é parte
de um movimento sutil, 19
no pátio dos sonhos, 20
visão do infinito, 23
visão sob a lua, 24
girassol negro, 26
desejo rupestre, 27
dois amantes
& a metamorfose, 28
confessionário do kaos, 30
o medo viaja
de malas prontas, 31
no panorama do tempo
o menino se alarga, 33
todos os tambores monte acima, 34
pelas cercanias, 35
a composição do tempo
é um moinho de luz, 36
vênus invade meu quarto, 38
koan ocidental, 40
o primeiro e último navio, 42

Manhã de Pássaros

lições sobre o silêncio, 47
o que aprendo, 49
primeiro
despertar sobre ruínas, 50
arcabouços da
engrenagem de carne, 51
a saudade
é floresta ruidosa, 52
a memória
é oceano de agulha, 53
os olhares eram hostis, 55
segundo
despertar sobre ruínas, 56

O Mirábolo: um canto incendiário

Demetrios Galvão

Teresina, abril de 2017

O poeta Lucas Rolim estreia com o instigante *O Mirábolo*, um livro que chama a atenção pelo cuidado de sua elaboração e pelas nervuras que o compõem. As epígrafes são belas e fundamentais para orientar o leitor pelos capítulos, articulados em 2 partes — "Madrugada Incendiária" e "Manhã de Pássaros". A poesia de Lucas aproxima a matéria carnal do fluxo onírico — combinação tão importante feita por escritores valiosos do século XX.

Lucas é um jovem poeta que não tem medo de se arriscar na escrita. Tanto é que se "risca" com os acidentes e abismos das palavras-experiências. Ele se lança com o corpo/espírito na construção de um universo imagético e sensorial, e a sua juventude inunda a poesia de potência e velocidade — agilidade que utiliza para desenvolver seu "ofício de espantos" na "lavoura mística".

O Mirábolo é uma espécie de malabarista, de inventor fantástico, que no jogo das sutilezas, transpõe os limites entre o claro e o escuro, e torna visível aquilo que não tem forma definida; traz o avesso das coisas e desloca os conceitos de seus lugares usuais. Lucas Rolim exercita a arte de expandir o real pela ficção, através do fluxo do vir a ser que as palavras e as imagens comportam, como se observa na passagem do poema "visão do infinito":

"deslizo pelo túnel da coluna — pela ferrovia óssea da noite
meus olhos chovem na dureza de uma nuvem torácica
cruzo as cicatrizes no campo risonho da memória"

Este livro é o ponto de tensão que desdobra e onde convergem o personagem (mágico, mirabolante) e o próprio universo criativo (o livro em si). Este exercício é um truque em que o poeta se impulsiona como criador. Lucas Rolim se propõe a não seguir os caminhos fáceis e penetra nas águas densas da linguagem, como no poema "o primeiro e último navio":

"caminho pelo distante corredor de ossos
deste navio ancestral, certo de minha passagem
por estreitos segredos escondidos em todos os mapas."
[...]
"flutuamos na densa história dos mundos
camuflados na paisagem do vapor noturno."

O jovem poeta não se rende ao que boa parte de sua geração faz — crônicas sem criatividade do cotidiano ou textinhos engraçados. Ao contrário, e longe disso, busca a poesia em sua dimensão selvagem e profunda, em uma dimensão ritualizada com a palavra. Potência mágica usada como instrumento mediador entre mundos (material/imaterial), a exemplo do poema "todos os tambores monte acima":

"metade desta árvore é um homem
& dentro de seu corpo dança uma tribo."

Em *O Mirábolo*, o poeta abre sua "caixa de ruídos" e a confronta com o silêncio das ruínas. Deste encontro profundo e febril, enuncia um canto inflamável, e assim, o livro se torna um campo aberto às apropriações do leitor(a) que o tem em mãos.

toda operação com a palavra aproxima-se do ato mágico
| rodrigo de haro |

um homem de carne é um homem de sonho
| octavio paz |

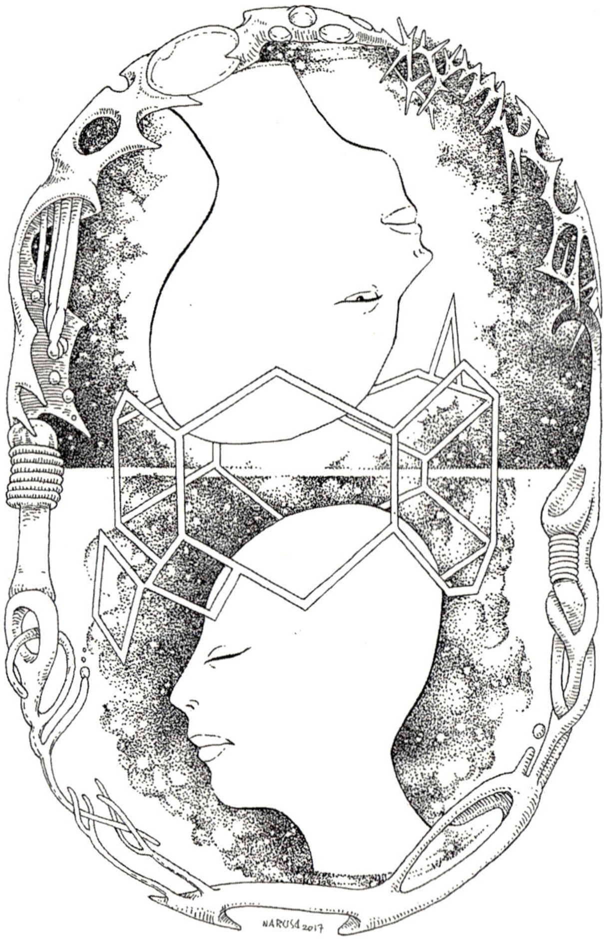
NARUSA 2017

o mirábolo

cai

como o mirábolo
em seu ofício de espantos
buscando a matéria do êxtase
na lavoura mística

cai

como o mirábolo
que trabalha em seu recanto luminoso
e prepara o sonho que trará
aos que dormem atentos

cai

como o mirábolo
no súbito arroubo agoureiro
entre a visão na madrugada incendiária
e o despertar na manhã de pássaros

cai

como o mirábolo
no seio da clareira, no centro de si
cai como o mirábolo também cai
em direção ao levante

Madrugada Incendiária

veio do comedor de fogo a esperança dos mundos impossíveis

| paulo plínio abreu |

tudo é parte
de um movimento sutil

entender o beija-flor em seu tempo.

acompanhar o corpo,
não a asa.
sentir o beijo.
compreender a
dança.

cruzar o século
e sobreviver no minuto.

não chorar o que agora é pó.
não amar o que por ora é nada.

calar a pressa,
descobrir a permanência.

perceber o tempo
dilatando
em sua própria

agonia.

ser como o beija-flor,

espécie de engrenagem
ou órgão

da própria flor.

no pátio dos sonhos

I

uma geografia de dança sísmica
acende revoluções no corpo da noite

seções de encantamento prendem
os garotos selvagens na rinha luminosa
as visões sapateiam num ritmo de gargantas ferozes

um dos garotos agarra um delírio & torna ao vapor da mente
mergulha na língua multivisual & traz a historiografia do sono.

II

teu nome geométrico acende minha caixa de ruídos
— lembro que há uma floresta com teu nome em Astrakan

meu corpo se converte em moléculas fractais & poeira
— mapeio teu rosto feito um talismã secreto.

III
todas as cores os mistérios
as consciências que flutuam sobre a noite
têm um peso de terra que revolve aos cuidados da manhã

mas é preciso arriscar-se e conhecer o sol
— é preciso aprender a transformar-se em dia.

visão do infinito

vejo o terrível corpo de alguém que não conheço
deitado na terna música das pedras — no som arfante do lodo
na severa melodia dos alísios

um terrível corpo — paisagem antrópica na película vegetal

a dança estarrecida dos sóis sobre o ventre negro
meus pequenos sonhos loucos na manhã carnívora
— as primeiras vibrações da ternura mais remota

gestos de um rito diário — adorno cinético da antiga alquimia

deslizo pelo túnel da coluna — pela ferrovia óssea da noite
meus olhos chovem na dureza de uma nuvem torácica
cruzo as cicatrizes no campo risonho da memória

agora rasgar a plumagem opaca dos segredos
descer ao recôndito maquinário das corridas & chutes
fazer girar a doce roda das vontades à mercê de um abismo azul

a visão é um sentido egoísta — o tato é um garoto obsessivo

desemboco na roupa das vísceras & entoo a litania do amor
contemplo nos fragmentos de nudez a visão do infinito.

visão sob a lua

foge
à tua casa de ar,

abandona os sons
que restam inabitáveis

e te achega ao desfiladeiro,
aos interstícios da solidão.

a lua
no alto de tua cabeça
cultiva um diadema luminoso.

a ramagem se conecta à tua raiz sagrada,
ao teu espírito de terra.

debruçado sobre o delírio,
teu corpo adormece

e cai.

os pés estão alheios ao pavimento
e desconhecem a dureza
dos passos.

concentra-te no sonho.
trespassa o irreal.

esquece
o que não te for
vidência.

girassol negro

na tarde da guerrilha o ícone me assalta
& transborda

a sinapse quebranta, arde na carne, dispara
& se agita

devoro mãos pés & voz
descubro a morte no mundo do homem
assisto a Pandora & Eva esfacelarem o Tempo

& quando o corpo cede a lança à batalha
teu espírito de terra me abraça na ravina
tua alma de touro me embala no sonho

do alto sol um mistério sobrevoa nosso dia
para acampar no teu pensamento de rio

no teu olho de lua, na tua boca de aquário
que abriga um cardume elétrico.

desejo rupestre

um desejo rupestre
viaja no fio vermelho do corpo,
em seu zodíaco de sigilos luminosos,
na fauna barulhenta dos cabelos.
decifra a linguagem dos sinais
por meio de sílabas incendiárias.
amanhece um artefato do amor
na confusão da matéria.

um desejo rupestre
assume as formas de um abraço
& demora um pouco mais;
descobre o endereço da ternura
& trocam cartas de fogo;
retorna ao silêncio onde habita
& desarruma a letargia da casa.
ordena lembranças com o som
de um gemido.

dois amantes
& a metamorfose

I
dois amantes marcham de muito longe
dentro da madrugada que os desafia

deixam suas terras danças e músicas
para se encontrarem no silêncio do deserto

um vem do ocidente que lhe diz
morrerás antes que o sol te acolha

outro desponta do oriente que o alerta
do deserto vieste e teu espírito é areia

a trilha que seguiram madrugada a fio
pertence agora ao Vento Leste – suas pegadas
foram extintas com a visita da noite que sopra.

II
frente a frente no seio das dunas
os amantes sabem que não há miragem
— que de carne e toque é feito o momento

para que a palavra do primeiro acenda
como fogo vivo nas orelhas do segundo

é preciso que se ergam defronte de si

mirando a esfinge que no outro habita
& volvendo ao que o sonho tornou real

desnudando o enigma & virando peixe
no mar que engole o deserto em sua
vertigem & mudez.

confessionário do kaos

um ou dois meninos
carregam o peso
dos indecisos.

a grande fábrica suicida
distribui ansiedades pela rua.

[eu preciso acordar deste sonho apressado.
diminuir o ritmo dos tambores do céu.
afogar-me de vez numa nuvem, encher de pássaros
o velho pulmão, rachar meu esqueleto e
reparti-lo entre os estudantes de medicina.]

a loucura boia sobre o corpo febril,
o cais adormece com o sol distante.

deito-me sobre a dúvida
e amanso o delírio
com a intimidade da voz.

o medo viaja
de malas prontas

há
um concerto
de angústias

que opera o afeto,

uma tríade melancólica
de passos ansiosos.

a flecha
parte ao alvo

temendo que ele a parta.

viaja
pelo sopro da voz,

pelo vento
que escapa da mão
quando golpeia

o tambor.

a flecha
parte zunindo abismo.

uma busca
ascendente

que finda
a calma.

no panorama do tempo
o menino se alarga

sinto-me teatro de sombras,
ampulheta, mapa-múndi,
cemitério de elefantes.

sinto-me na figura da mulher tecelã e
sinto-me o fio a penetrar-lhe o futuro.

metade do que pressinto
é grito de armas
lâmina e
fogo;

metade
é uma profecia
mães sorrindo alegres e
uma possível utopia aérea.

eu, porém, sou impulso
de encontro às locomotivas;
ogiva que despenca sobre os restos.

sou tigre, mulher e menino,
e danço sobre as covas da eternidade.

todos os tambores monte acima

"e gastamos as mãos até o osso
e seguimos batendo nos tambores para que volte o sol."
| ludwig zeller |

metade desta árvore é um homem
& dentro de seu corpo dança uma tribo.

as quatro ventanias amansam a planície
& um tambor ruge alto no seio de fogo.

o velho pajé reverencia um jardim
para ter em sua voz a cura das plantas.

com o canto dos vagalumes vira raposa
& ao monte dos olhos guia todo o seu clã.

(quando inventava o corpo sua vigília,
ali se reunia a tribo e rezava à lua.

inventavam noites para a chegada do dia.
enchiam os tamborins com a força do sol.
a velhice chegava
onde folhas caídas
crivavam um outono.)

pelas cercanias

desiludidos,

cruzavam a espera
levando um mapa de ausências,
uma distância inquieta.

ruínas
e compulsões revisitadas.
desertos povoados novamente.

(as trilhas guiavam
a antigos hedonismos)

eles herdavam o sigilo
de seus quartos e recordavam
conversas aflitas.

em seus corpos
ardia a inscrição da noite:
os piores dos cegos. os piores dos cegos.

era tempo de saber
o paradeiro da angústia
e abrigar-se no conforto das conchas.

tempo de habitar
silêncios.

a composição do tempo
é um moinho de luz

acompanhado de aguila de fuego, yagé

uma pequena deusa etíope flutua sobre os rochedos
crescendo até as extremidades do céu

explodindo as formas corpóreas para além dos espaços

apalmando o rastro de um cometa fugitivo
que alucina em delirium tremens de velocidade

somente mantendo a pequenez do corpo
ela contempla o universo com a grandeza da mente-lamparina

uma águia de fogo
decresce num ritmo
de quatro tambores

sobre uma dança indomável
no coração da serpente-mundo

o dia beija a noite e queima no mistério espiritual

a pequena deusa etíope
assume as formas do Amor

pergunto-me se ela realmente existe
ou se as estátuas estão tramando contra mim

revolução das pedras — há pouco tempo de luz
no Coração Miserável

há pouca carne restante nos vitrais da Ventana de la Muerte
— a matéria mostrou-se frágil
& disposta à queda
& só no pandemônio do corpo
& alucinada & Ponto Vegetal

& terrivelmente sem vida
no moinho tribal

vênus invade meu quarto

"como una lucidez sin muros."
| alejandro jodorowsky |

vênus invade meu quarto
e uma rebelião se enraíza dentro do aquário.
cruza um panorama de enigmas.
leva na voz um presente cheio de vida.

os olhos buscam a forma da luz
para compreender o mistério,
mas se tornam cativos de uma expectativa sólida,
um pavor demasiado real.

então o corpo inteiro luta contra si
e o espírito se agita com o regresso da dúvida.

fica um sigilo no sexo das nuvens.
um som desconhecido, uma criança translúcida.

inventa o sonho e faz dele uma tenda rizomática,
um refúgio por dentro.

da costela da lua concebe vênus.
abandona as nuvens. faz morada no planeta.

somente quando desprendo os olhos, consigo ver:
há uma criança translúcida dentro do aquário,
dizendo que o sonho também opera sobre os corpos

e que é preciso estar atento, sempre atento,
aos vestígios deixados na manhã desperta.

koan ocidental

para o mestre chuang tzu e a borboleta

um felino arcaico
me tem dentro da noite chinesa

numa hora lunar entre a morte & a luz
num castelo de ventos em Mengcheng

a leoa sombria tem a idade do sono
olhos de homem santo latejam
no terrível veludo azul da mente

aprendi do mestre anos atrás
que a mística felina é uma dança entre mundos

ela incendeia o acampamento de fugas
enquanto adormeço na sombra mágica de um gongo

seus rugidos tomam a forma da Verdade
eu me atiro nu sobre a montanha dos sentidos

a pata esquerda é bela & toca meu rosto
com a intimidade com que eu toco o meu rosto
— o dorso inflama na minha frequência sonora

olho minhas formas
já não sou o que dorme em Mengcheng

estud'os caminhos com a vibração da cauda
        tenho as cifras da Fortuna gravadas no corpo.

o primeiro e último navio

acompanhado de too close to the sun, ray manzarek

caminho pelo distante corredor de ossos
deste navio ancestral, certo de minha passagem
por estreitos segredos escondidos em todos os mapas.

um corsário negro no céu sobre a dúvida.
casco de miragem na incerteza de quem o avista.

em cada câmara interna: um Tempo que se desprende
da face necrosada de velhas cidades.

ao longo do corredor de ossos: homens e feras coabitam
o trânsito do fim.

flutuamos na densa história dos mundos
camuflados na paisagem do vapor noturno.

navegamos o corpo da grande Nuvem Mãe,
às vezes ancorados para soltar os astros que se prendem.

atravessando a neblina da proa,
sentamos em silêncio na antessala do futuro.

ao centro de onde estamos,
um pequeno baú detém o momento e vibra com intensidade.

o vento nas velas é um lançar de dados.
os espaços pulsam e se convertem em marco-zero
uma vez mais.

Manhã de Pássaros

tudo só existe na sagrada iluminação da carne
| aldo pellegrini |

lições sobre o silêncio

para demetrios galvão

o poeta me disse

que o silêncio é uma lição valiosa.
que na pressa do mundo não cabe a poesia
& que a natureza tem múltiplos disfarces,
mas um único gesto para a liberdade das aves.

o poeta me disse

que este mundo anda viciado nas próprias sombras.
que a língua dos homens é uma lâmina de ódio
& que da areia que cobre os sentidos
brota uma paisagem arcaica de cactos raivosos.

o poeta me disse

que um dia também cultivou na pressa sua voz,
mas um calendário de vazios o puxou pelos cabelos
& lhe mostrou que nas pedras do caminho
habitavam ensinamentos perdidos.

o poeta me disse

que o ato da paciência evita golpes imprecisos.
que é pela visão que a sabedoria primeiro se achega
& que o peso do voo é mais leve que a pena
que empluma o olho do vidente em seu sonho.

o poeta me ensinou

que na peregrinação há riscos muito maiores,
mas que somente assim é possível aprender o tempo
& voltar-se mais vivo à bagagem de afetos.

o que aprendo

"tu procuras algo que transcenda o mundo
eu procuro o mundo no mundo ou para aquém dele"
| antónio ramos rosa |

sob o astro incendiário
assisto à cerimônia das rochas;

o que aprendo
é um nutriente sólido par'os dias,
uma ciência das coisas que existem no silêncio.

quando a voz alteia,
o detalhe passa despercebido,
anoitece o que antes era claro
– o olho atento se dissolve.

as rochas têm uma dança particular
e em seu ritual cabem todos os séculos.

o que aprendo
é o mistério que se enverga sobre as coisas belas,
o espanto que vem das incertezas.

as rochas me ensinam
que não há senão a dúvida.

primeiro despertar sobre ruínas

acompanhado de john cage

quando despir-se o místico
por trás dos muros
haverá uma turba de segredos
aguardando passagem.
não existem falsas proposições.
é preciso um ato ligeiro.

atravessar o ciclo dos vinte:
reencontrar infâncias
num artefato muito antigo.

arrastar as cortinas da tarde:
enfrentar o pandemônio
das ordens com Lentidão.

visito um oráculo asteca
à procura de desvios
na memória.

(devoro presságios
para esquecer
do futuro)

arcabouços da
engrenagem de carne

atrás da testa,
a ossatura obsoleta
é o muro das lamentações.
o que se torna luz,
um delírio isolado
no zigurate.
o eco dos gritos
no microcosmo
é um menino perdido nas rugas
do labirinto.

MUNDO EXTERNO & MÍMESIS

meu estado alheio é
um girassol aéreo
que dança
no piso do crânio.

a saudade
é floresta ruidosa

o antes
é indumentária antiga que ficou na ideia...

os pés brincavam o jogo de amarelinha,
atiçavam a rapidez dos meninos,

a corrida sem vértebras confundia o gesto da sirene.

o depois
se alonga no corpo e vira tatuagem amarga...

os pés serenaram a marcha.
o chão pintado de amarelo é recordação antiga,

já não salta. a saudade é floresta ruidosa.

a memória
é oceano de agulha

I

(*o equilíbrio*
se faz da matéria
de kaos)

o berro ecoa
entre as paredes sujas.

mãos que tecem
o desejo dos peixes.

uma canção tímida ecoa na boca.
acompanha da janela
o barulho da rua.

II
(o equilíbrio
é o filho mais velho
do kaos)

trago por detrás da sombra
o dilema da batalha
inconclusa

& uma vara de imburana
cravada em punhos
de alpendre.
ela floresce
quando posta ao fogo;

dança,
rizomática,
em raras madrugadas.

a noite se desfaz
em lâminas.

os olhares eram hostis

acompanhado de double music tape

os olhares eram hostis
mas nos aproximávamos das fronteiras
e ignorávamos o nevoeiro de sua prole.

nossa envergadura era mais ampla
e escondia a gestação de um segredo.

nosso pilar não era a matéria palpável,
o passo – apesar da vida – era leve e seguro.

por muito tempo seguimos o caminho avesso
e o retorno nos transformou em forasteiros
onde antes éramos cria.

os olhares eram hostis,
a língua assassinou o amor dos jovens,
a violência do tempo fendia o sonho e a vida.

como poderia o homem salvar-se da ignorância?
em que alto monte buscaria o socorro?

esperava-se a dureza dos corações
e a curta medida do luto,

mas nos aproximávamos das fronteiras
e ignorávamos o nevoeiro de sua prole.

nossa envergadura era mais ampla,
nossa luta era sagaz.

segundo
despertar sobre ruínas

I
os poetas acordam
sobre a terra adestrada

e a dormência do bairro
vira festim de desconcertos.

um rio de pandemônios
atravessa seus corpos;

da selva entre os lábios
surge a face do terror;

a palavra salta ligeira,
agarra o espanto
e carrega o inesperado.

II
o olho do carcará declara

o profeta e o poeta
não têm honra em seu lar

o olho do carcará desfalece

sob mil sóis a província
ainda é sombra e vertigem

o carcará vira luz
e alteia o voo desmedido,

excede os portais
e ensina uma agito às cercas

eis o princípio do Tempo,
eis o início da viagem.

Este livro foi composto em tipologia Raleway e Adobe Garamond Pro no
papel pólen bold pela gráfica P3 para a Editora Moinhos,
em maio de 2017, numa sexta-feira quase fria, à noite,
enquanto *Nervos de aço* tocava baixinho no apartamento branco.